코르크 물고기

포지션 詞林 016
코르크 물고기

펴낸날 | 2022년 10월 20일

지은이 | 변영희
펴낸이 | 차재일
책임편집 | 이용헌
펴낸곳 | 포지션
등록번호 | 제2016-000118호
등록일자 | 2016년 4월 12일
주소 | 서울시 마포구 대흥로8길 26. 201호
전화 | 010-8945-2222
전자우편 | position2013@gmail.com

ⓒ 변영희, 2022

ISBN 979-11-970197-6-0   03810

값 10,000원

* 이 책의 전부 또는 일부 내용을 재사용하려면 반드시 지은이와 포지션의 서면 동의를 받아야 합니다.

코르크 물고기

변영희 시집

포지션

* 한 연이 다음 쪽의 첫 행에서 시작될 때는 ' 〉 ' 표시를 함.

시
인
의
말

하나의 실패를,
부챗살같이 펼치는 진술을 더한다

간다거나
온다거나
눈 뜰 수 없는 그리움

시린 바람을 막아 체온을 지켜준 당신들,
고마워요

다시
새로운 불화에 맞서 걸어갈 나날
애써 즐거워라

2022년 10월
변영희

차례

제1부

귤빛부전나비	12
위연이 춘희에게	14
마음의 크기	16
회화 풍으로	18
푸른 햇살이 나를 뚫고	20
흰	22
괜히	24
소곤소곤	25
보지 않고 믿는 자, 더욱 복이 있습니다	26
검은 팥은 혹 내 것이오?	28
이제 그만 하죠	30
로만쉐이드	32
긁적긁적	34
그늘과 방패	36
오버랩	38

제2부

시금치는 컹컹　40
31　41
아름다운 광고　42
딱딱해지고　44
에그타르트　46
하루　48
달리는 큐브에서　50
1010　52
난 머리가 없어요　54
뼈만 오롯했는데　56
타임 405　58
옆방 여자가 운다　60
저작　62
권태　63
구름에 대한 단상　64

제3부

클라인병	68
미늘	70
CU 어게인	71
혁이	72
실업일기	74
구로동 벌집	76
1982	78
카라멜 마끼아또	80
총명기	82
신길동	84
홍어의 시간	86
북창	88
괜찮아	90
벽에 대하여	92
에필로그	94

제4부

숲은 보이지 않고 98
안테나에 걸린 콘파이 100
오빠 102
츕츕 104
어떡해, 귀나이든 106
아무 생각 없는 생각을 했다 108
4B 110
르부이부이 112
모자를 쓴 114
코르크 물고기 115
취전 116
자발적 포로가 되다 2 118
소화전에 넣어둡니다 120
나의 연애시 122
독자 123

해설 감각적 주체의 즐거운 텍스트 | 장은영 126

제1부

귤빛부전나비

들여다보는데 부드러운 유채의 단맛이 떠올라

아무 일도 일어나지 않은 하루가 있을까 바람이 부드럽다 세다 구름이 많다 적다 꽃잎이 벌렸다 오므렸다 기분이 좋았다 나빴다 네게로 가다 오다 생동하는 떨림이 가득

노오란 날개를 달고 천사처럼 웃는 액자 안의 너 하늘로 간 엄마를 각인 중인 마음을 읽는다 생략되지 않은 둥근 비밀, 껍질조차 없는

거짓말을 하고 참말도 하고 오십일과 사십구의 비율이 엎치락뒤치락

꽃상여가 다시 나타나면 좋겠어 무동 태우듯 흔들리며 갈 수 있도록 네가 당도한 세상, 거긴 괜찮니? 진한 농담에 빠진 듯 하하 웃을 수 있으면 좋겠어

〉
이제, 펼쳐진 저 날개 접어줄까?

위연이 춘희에게

일구팔삼 시월 간행된
중고 시집이 내게 날아온다

위연은 춘희에게
시간은 이미 더 높은 곳에서*를
선물했다

국사학과 3년 춘희

춘희는 스물셋일까

이름이 진하게 박힌 편지 봉투가
비닐을 떼어 내자 툭 떨어진다
학교로 날아오던 친구의 엽서처럼

새삼 시집을 뒤적이는 이유가 뭐냐는 듯

위연과 춘희를 상상하는 동안
시간은 더 높은 곳에서 다시 툭 떨어진다
사라진 편지지를 찾는 눈알도 툭, 툭

끝내 알 수 없는 달리기
빛나는 여의주를 물고

울퉁불퉁
낯선 시로 다가오는
위연과 춘희

* 장영수 시집

마음의 크기

바라나시에서 산 부처의
머리가 사라지고
어깨 한쪽 천천히 무너지고
다육 화분 귀퉁이에 가부좌 모양
돌이 되어 놓여 있다

어깨에 나비가 앉는다
돌은
그래도 열심히 수행 중이다
주름 접힌 옷을 걸치고

백운다방 앞을 지나는
마이클의 지팡이 손잡이를
둥글게
구부리고 싶다

마음은 다방 찻잔 속

사각 얼음처럼
시시로 차가워지고

새파란 무청이 어여쁘게
말랐다
청청했던 몸 미련 없이 버리고

찻잔 속 얼음처럼
녹아내리는
처처의 부처들
얼음의 크기 정하는 자 없고
마음은

회화 풍으로

1.

햇빛 환한데 알람이 울려요 눈이 와요 푹푹 삶은 수건과 베게 포가 하얗게 질리도록 내려요 열린 창문으로 눈송이가 뛰어들어요 하롱하롱 맴돌다 사라져요

2.

이마엔 땀방울이 맺히죠 검은 우산을 쓰고 갔어요 울음의 리듬에 맞추어 논두렁 밭두렁을 걸어 갔죠 햇살은 우산을 달구고 하영이는 청개구리처럼 울어요 곱슬한 머리칼이 꽃 같았던 하영이

3.

머릿수건 풀어 젖무덤을 쓱쓱 닦는 여자는 원시적으로 싱싱했어요 젖꼭지를 빨 때 엄마와 딸은 얼마나 뜨거웠을까

4.

 흰 눈 내리는데 왜 뜨거운 젖꼭지와 검은 우산이 날아다닐까요 빨래는 하얗게 잘 삶았는데, 빨래는 하얗게 잘 삶았는데, 쌓이지 못하고 빙글 사라지는 눈의 뒷덜미는 슬프도록 검고, 슬프도록 검고,

푸른 햇살이 나를 뚫고

그 세계를 뚫은
햇살은
어디로 흘렀을까

생각이 맑아지면 나도 햇살을
따라갈 수 있을까

봄볕이 꺼낸 쑥의
푸르고 씁쌀한 감정

입 위가 몽창 잘린 사진을 보며

붉은 꽃 날리는 곰팡이에게
묻는다
넌 왜 태어났니

왜 자꾸 눈꺼풀이 떨리지

〉
진하게 번지는 곰팡이 냄새
슬픔과 무관하게 번지는 생각처럼
꼬리에 꼬리를 무는

곰팡이는 어제도 피어나고 곰팡이는
오늘도 조용하고 곰팡이는 또

흰

십자가 품은 하늘을 베낀다

물감으로 마법을 부릴 때 나는

흰 붓처럼 하얘졌지

침을 튕기며 말하지 않아도 돼

나는 고장 난 기계 같아

기억이 없다는 건 때로 행운

계모의 존재도 모르는 그런

무른 복숭아를

질질 흘리며 먹는 정희야

옷을 갈아입고 갈아입다 몸을 떠난 네 할머니가 보여

망각이 새털처럼 흩날리는

희디흰 시간

어둠에 무너지는 노을빛 빨강

잔혹하게 물드는 꽃이라면 좋겠어

붓을 거꾸로 세우고

울고 있는 별을 그리는 중이야

괜히

풀을 베어 내자 개구리들이 당황한다 한 마리가 대문 밖으로 나간다 좋은 생각 아니야 말할 틈도 없이

괜히 베었다, 부추꽃이나 볼 건데

담장을 넘어온 말에 하얀 꽃이 핀다

매일매일 베어요 눈사람도 베고 악당도 베고 아이언맨도 베죠 떨어지는 사과처럼 죽음을 클릭 사과는 빨개요

아, 우리는 매일매일 죽어요

괜히 베었어, 도라지꽃이나 볼 걸

단호박을 넣고 라면을 끓인다 달큼짭짤한 라면 황야의 개구리는 몹시 짜릿하다 땀을 매달고 얼룩처럼 남은 질문을 삼키면서 나아가는

소곤소곤

 정오가 되면 사이렌이 울린다 (너 웃고 있지) 자정에도 사이렌이 울리는진 몰라 꿈의 세계에 사이렌은 필요 없어 지렁이 개구리 뱀 지상을 채우는 소리의 목록 달려드는 기차의 기적소리는 으뜸이야 꿈의 말미까지 달겨드는 기차는 성미산 호랑이로부터 멀리 달아나지 호랑이 품에서 데려갈 기차는 손을 흔들어도 멈추질 않아 떠날까? 네가? 떠난다고? 표를 사야 하는데 이름을 호명할 줄 몰랐어 꿈에서 깨면 도깨비불이 환해서 눈을 질끈 감고 다시 꿈으로 달아나지 달빛 환한 밤 선로를 이탈한 기차가 벽을 타고 덜컹덜컹 달렸어 새벽을 달려오는 기차는 서울로 가거나 목포로 갔지 뭄바이에 갈 거야 네가 말하자 기차를 세울 수 있었어 그날은 문득 왔어 문득 (너 또 웃는구나) 네가 사이렌을 모르는 것처럼 난 너를 모르고

 함께 걸을래? 우리가 알아야 하는 일 따윈 풀밭에 던져두고

보지 않고 믿는 자, 더욱 복이 있습니다*

 아는 것이 힘이다 누가 말했니 검색하면 꼬리연처럼 날아오르겠지 더듬더듬 뱅크를 무너뜨린 얘기 좀 해 보자 잘 잊는 뭐든 잘 잃어버리는 너 때문이야

 인터넷 은행이 있다고 그곳이 편하다고 도대체 뭐가 편하다는 거야 앱을 내려받고 문턱 하나씩 넘어가는 방법을 알려주는 블로거 만만세 달보다 친절하여라 돋보기를 쓰고 호랑이에게 내주는 팔다리를 물어뜯는 방식으로 패스

 아른거리는 활자들과 싸우는
 눈과 손의 불협화음에 부들부들 떠는
 보이지 않는 실체를 믿어야 하는
 이상한 불안과 싸우는 시간

 이체를 확인하고 비행보다 빠른 이동을 한다 러시아 송금은 안 된다는 경고가 뜬다 그래, 전쟁 중이지 내가

알아야 할 것이 무엇인가 인터넷 뱅크를 믿어야 하는데, 보이지도 않는데, 믿지 않으면 어쩔…

(감사해요 마미, 확인되면 알랴 드릴게요)

아는 것이 힘이다는 유효하다 덥석 믿는 마음은 크게 깨우치는 힘 믿지 못하는 자의 시계는 너무나 느려서 늘어진 테이프처럼 하루가 길다 내가 아는 것이란 도대체

* 요한복음서 20:29

검은 팔은 혹 내 것이오?

1.

피어나는 밥풀꽃아 바래가는 수선화야 목마른 돌미나리야 눈을 보자 눈을 내놓아라 부드러운 크림색, 노랑노랑, 연두연두 휘청휘청 꺾어다오

2.

혹 바구미를 아세요 쌀을 씻는데 쌀알이 떠오르고 거뭇한 것이 떠다니고 감쪽같이 파먹었으되 낟알 속으로 숨은 녀석들 얼려 죽이니 바구미와 쌀 흑백이 조화롭지 침침한 눈으로도 잘 찾을 수 있고 나는 무엇이오 죽었거나 살았거나 바구미요 쌀이오?

3.

꿈꾼다 스미는 문장에 대해 얘기하는 그가 누구인지 궁금하다 정말정말 궁금하지만 깨어보니 내용도 인물도 치즈 토핑처럼 녹아버린 꿈 다시 꿈속으로 들어가리오?

4.

모란의 목을 치고 소풍 가는 개미 행렬을 흐트러뜨리고 환풍구에서 부화한 새소리를 듣고 있소 환풍구와 새의 지저귐이 친구가 된 봄날 개미와 모란에게 사과해야 할 봄날 새들의 은밀한 사랑에 경배

5.

무화과나무에 노랑 행주 걸쳐두었지 회색 팔은 굳건하고 빛나는 연두는 혀를 빼물고 메롱 메롱 햇빛은 참 적당하오 검은 팔의 주인이거나 바구미이거나 쌀이거나 문장을 토하는 꿈속이거나 다시 달려가리오?

6.

나를 생각하는 나를 심심찮게 보고 이층에 앉아 건물의 지붕을 살펴보고 나뭇가지에 걸린 검은 팔을 올려다보고 직사각과 정사각이 이어지는 지붕의 무늬는 규칙적이고 펄럭이는 팔의 주체 모르겠고 검은 팔은 혹 내 것이오?

이제 그만 하죠

바람이 밀고 가는 구름이
북소리를 낸다

뒤집히는 현호색 바이올렛 대팻집나무

넌 계란 같은 아이야
강한 척 하지 마
껍질이 얼마나 약한데

혀를 찰 건 뭐야

현호색 누웠다 일어나고
바이올렛 누웠다 일어나고
대팻집나무 만신의 춤을 춘다

약한 것들이 견디는 법은
죽은 듯 누웠다

슬쩍 일어서는 것

부엽토에 푹푹 빠지며
풀꽃 만발한 숲에서
껍질에 관한 썰을 풀던
철학도를 만난다

처음 마신 소주와
싱싱한 꼼장어가 몸을 뒤집던 포장마차와
머리 벗어진 철학이

썩지도 않고 ㅉㅉㅉㅉ

로만셰이드

커튼을 치고 아이가 태어나고
하늘하늘 햇빛을 끌어안고 아이는 자라고

로만셰이드 커튼은 흘러내리거나
위로 올라가거나
수평이 무너지면 안 돼

악어의 입으로 꽃의 입으로라도 꽉 물고

무너지면 안 될
수평
그리고 아이

커튼이 바뀌듯 아이도 변하는데
아이가 어느새 커튼을 다 뜯어버렸네

아름다운 창을 만났네

한결 높아진 하늘을 보았네

아이는 어디 갔지?

물고기처럼 부지런히 오가는 거
비행기 맞습니까
고래나 상어나 돛대는 아니지요

아이가 보이지 않아

커튼은 필요 없어
이제 램프를 켜줘, 어서

낡은 골목, 빛나는 응접실 다방처럼

긁적긁적

여기는 사유지입니다
농작물 씨앗이 자라고 있으니
출입을 금합니다

출입을 삼가하시오로 바꿔 주세요

출입을 금합니다가 좋겠는데

  길이 선명하네 어떡하지 도라지를 심자며 달려간 숲에 우두커니 선 남자가 말한다 남자의 꿈이 덜컹거린다 메밀꽃 흐드러지던 추억의 땅에 보랏빛 향기 술렁이게 하고 싶었는데 팻말을 내던지고 편지 봉투에 담긴 차 씨를 꺼낸다

  네가 싹 틔우면 산수유 심어야겠다

차 씨를 심고 내려오는 사내의 이마가 반짝인다

잠실 누에가 뽕잎을 갉을 때 저리 빛났을까요

　돌아 나오는 길 자작나무에 팻말이 걸린다 자작자작 여기는 내 땅 여기는 내 땅 초록이 돌아올 땅 당신과 나 접근이 어려운 맹지 북방한계선이 작동하는 사랑의 맹지 늙지 않는 환상의 그라운드 실낱같은 길 위에서 서서

　이제

팻말을 버릴까요?

그늘과 방패

말해, 말하라니까
말이 안 되는 말을 하면서 말하라니

말의 폭력이 그늘을 드리웠다 키가 자라는 치명적인 그늘 다그치는 말에 생각이 넘어진다 엎드렸던 열 살의 기억이 일어선다

아이들이 강아지풀을 물고 있는 교실
해바라기 씨앗 같은 눈을 감고 있는 교실
씨앗을 삼켜버릴 듯 바라보는 두 눈
밀물 같은 정적으로 터질 것 같은 교실

솔직히 말하면 용서해 준다니까!

말할게 국화 한 송이를 영정 앞에 놓는다 난 터럭 하나 갖지 않았어 사라진 돈처럼 사라진 필통처럼 당신도 사라지는군 드리웠던 그늘은 돌돌 말아둘래 어리석음의

방패로 오래 쓸게 당신, 잘 가요

그늘을 입에 문 아이가 눈을 감고 있다

오버랩

열 시 삼십 분은 커피를 마시기에 적당한 시간

육 년 전 페이스북에서 친구가 되었습니다 친절을 베푸는 메신저 때문에 겨우 잊은 친구를 다시 만난다 젠장 보고 싶지 않은데 너 지금 어디 있니 그동안 어디만큼 갔니 얘는 왜 안 와

물고기가 뛰어오르고 강은 배때기를 뒤집는다 한 올 한 올 물꽃의 흰 머리칼이 흔들린다 바람 때문이야 편두통이 심해서야 이십만 육천구백 킬로를 달린 나의 애마처럼 풍속을 따라 마음껏 흔들려야지

강의 오른쪽과 왼쪽 물의 문양이 다르다 바람이 몰고 가는 푸른 물 불쑥 던진 나뭇가지가 물살을 흐트린다 화해를 모르는 딸과 아버지처럼 몰고 몰린다

손님, 주문하신 카페라테 나왔습니다

제2부

시금치는 컹컹

 시금치를 다 뽑았어요 시금치가 예뻐요 적당한 거리를 가진 시금치가 예뻐요 떡잎 달린 시금치 홀로 위엄있는 시금치가 예뻐요 붉은 뿌리를 가진 시금치가 예뻐요 칼을 튕기지도 못하고 시금치는 순해요 뜨거운 물을 만나자마자 냉큼 자지러지는 시금치는 울어요 당신은 시금치를 만난 적 있나요 푸른 시금치 말예요 스피커에서 막 튀어나온 시금치랑 엉덩이를 흔들며 바다로 갈래요 뜨겁게 자지러지는 꿈을 꿀래요 풀을 뽑는다고 시금치를 모두 뽑은 날 시금치는 컹컹 짖어요 내 말 보여요? 시금치는 사라지지 않아요 하늘 아래 시금치 당신 집은 어디예요? 언제 죽어도 이상하지 않은 오늘, 우리 어디로 갈까요?

31

과속방지턱을 넘는 것처럼 31이 온다

덜컹, 천정을 뚫듯 격렬하게

스르르, 구렁이 담 넘어가듯

28이거나 29이거나 30이거나

31은 집요하게 건너오고 또 오고

사로잡힌 숫자가 자두 두 알 같다

시고 달다 달고 시다

31의 도래

서른셋의 팡세를 꿈꾸는 것이 한 점이듯

다시 31

도넛의 구멍처럼 나타났다 사라졌다 나타났다

서른한 마리 나비가 백일홍에 날개를 접고 덜컹거리는데

자두 두 알 먹고 말았다

아름다운 광고

거미줄에 달라붙은
나비를 어루만지다

놀라운 정리 전문가를 만난다

유품 정리
고독사 특수청소

거미줄을 탄탄하게 받치며
날아드는 죽음을 바라보는 일

이별의 양태를 헤아리다
손가락을 턴다
꽃잎 같은 손가락 딱 열이라서 다행이다

사물들 위에 조용히 내려앉아
쉬고 있는 속눈썹을 걷어 내는 일

〉
눈썹 하나 들어 올리는 일이 하늘을
여는 일처럼 무겁다

죽은 자의 집 청소*는
흠칫흠칫 고요하다

처마 끝을 휘돌아가는 물받이처럼

* 김완 著

딱딱해지고

십 년 후 나는 여섯 살
십 년 전에 난 여섯 살이었다
미운 일곱 살이 되기 전

옥수수를 먹는다
비밀한 세계를 물어뜯는 포즈

낱알이 톡 입안에서 터진다
붉은 잿더미에서
기대에 찬 꿈이 톡

나는 지금 여섯 살, 옥수수를 먹는다

나무에 매달린 초록이
동그라미 네모 세모가 될 수 있다는
머리로 걷는 옥수수

대책 없는 날씨처럼
사람과 로봇이 사랑에 빠지는
없던 감각이 물컹물컹
액체 괴물처럼 엎질러지는

지난 꿈을 반문하며 딱딱해지는 옥수수
여섯과 일곱 사이 잘 익은 옥수수

고랑 고랑 네 고랑째
풀을 매는 당신
일곱 살이 되기 전 먼지가 될

고양이가 똥을 싸고 별을 덮는다

에그타르트

우는 토끼나
웃는 토끼나
다 같은 토끼
포르투갈 낯선 도시의 에그타르트나
길 건너 빵집 에그타르트나
에그타르트

달콤하고 고소한 내음
상상으로 덧칠한다

구름과자나 솜사탕은 멀리 있고

짓이겨진 입술 같은 시간을 지나
어둑한 숲의 돌계단을 지나
목덜미에 땀이 글썽거릴 때

밟고 온 버찌처럼 울었다

〉
나의 발에는 뿌리가 없어서
돌계단을 오르고
사르르
꽃 계단을 내려오지
뿌리가 없다니
얼마나 다행이야

나이프를 찾는데
오리를 안고 오는 소년처럼

에그타르트는 에그타르트

하루

작살이 뚫고 간 뱀
쓰레기장의 마네킹
재가 되지 않는 지독한 일이 일어난다면

쿵쿵거리지 마

끝없이 오르는 S자 굴곡
허공을 잇는 푸른 말줄임표

눈물은 왜 터지는 거야, 팝콘도 아닌데
좌로 우로 몰려다니는 눈물
책을 읽는 동안 구름이 사라지네

나는 함께가 좋아

불우한 희망은 맛있는 후식 같은 거
꿈처럼 서성이는 불빛

창을 뚫고 하늘에 매달린 샹들리에

쓸쓸하지만 혼자여야

시집의 2부를 읽고 어둠을 만난다
흘러내리는 계단 끝
어두운 손을 잡아주었다

3부 *끄트머리*
쓰레기처럼 엎질러진 문장을 만난다

똥 내리고 가, Be with me

달리는 큐브에서

비가 와? 오는 거야?

아니, 내가 가는 거야
비도 가고 나도 가고

얼크러진 실을 푸는 사람들은
실이 가지런해야 좋을까
얼크러진 것이 좋을까

두드려 비가
수다스러운 새처럼 말을 걸고 있어

큐브 안의 사람들은 말이 없군
실을 감고 있거나
실이 풀리는 공간으로 달려

짝 잃은 비를 만나고

〉
질문지는 만들지 않을래
수직성의 비가 나무와 얼크러지는 거
바라만 볼 테니까 그냥

실없는 질문과 대답이 녹아 있는 터널

괜찮아

더 크게 울어, 곤란하게

1010

곧 폭발한다
대기하라
버스 출발한다

발가락이 꼬여버린 전쟁 같은 날
10시 10분에 고삐를 씌운다
빗자루를 타고 이일삼번지로 가자
주석도 부록도 사라진 곳

나무가 나무를 살해하는
나무가 나무를 일으키는 집

슬픔이라는 감정은 미끼
빛나는 이파리들이
장례식의 만장처럼 나부꼈다

오래 묵은 불안을 팝니다

과녁을 향하여 던지기 딱 좋습니다
손에 쏙 들어옵니다

게걸음으로 달리는 버스
1010 푸른 방을 두드린다

죽은 아버지와 산 오빠와 죽은 엄마가
남겨둔 밥처럼
대밭의 흰 뼈가 일어서는 밤

난 머리가 없어요

농익은 슈왈츠 마돈나*는
슈퍼스타*의 연어살 빛 오렌지색을 질투한다

피어난다는 희망 때문에
오늘은 점점 나빠지고
철공소와 목재소를 오가며
딱딱한 베일을 깎는다

겸손을 가장하여 블라우스 밖으로
튀어나온 젖통

그림자 붙잡는 그림자처럼
숟가락은 왼쪽 젓가락은 오른쪽처럼
나란히 다정하다

손으로 입을 가리고
난 머리가 없어요

굴러가다 누군가에게 잡힌 공처럼
딱딱한 베일에 숨어

난 머리가 없어요

아이스크림처럼
흘러내리는 권리를 줘요
폭설은 엑스레이에 찍힐까요

난 그냥 흘러내려요

슈퍼스타, 무르익은 살구 향기 어때?

* 원산지 독일의 장미 품종들

뼈만 오롯했는데

 쭈그리고 세탁기 수평을 맞추다 아이를 낳으러 가요

 힘쓸 때를 잘 알아야 해요 쑴풍 낳는다는 거 아무나의 일은 아니죠 수평 맞추기는 짧게 끝났지만 고집 센 아이는 일박이일 통증을 안겨주고 나타나요 고르바쵸프처럼 머리에 진한 점이 있어요 의사의 손이 산도를 뒤적이며 만든 점이라고 내내 우겼죠 진실은 알 수 없고 점은 천천히 사라져요 조 간호사는 병원 문 열고 가장 예쁜 아이라지만 통증에 지쳐 안고 잘 마음이 없네요 열 달을 채우지 못한 손은 복숭아씨처럼 쪼글쪼글하고 뼈만 오롯한데

 신기해라 딱 내 손을 닮았어요

 그 아이 어디 갔을까요 요람을 벗어난 뼈의 성장은 놀랍고 그 아인 어디 갔을까요 닥터 최의 손에 잡히던 작은 머리통은 수박통처럼 자라 속을 알 수 없고 그 아인 어디 갔을까요 어떤 명령어를 품고 있는지 몰라요 어떤 플

랫과 샵의 조화를 꾀하는지 몰라요 아이의 음계를 알고 싶어요 우주선 발사는 성공했다는데 난 뭘 알아낼 수 있을까요 나쁜 짓은 간혹 해도 악몽을 꾸진 않았으면 좋겠어요 아이가 꿈은 많이 꾸어도 힘쓸 때만은 잘 알았으면

타임 405

식당에서 주문을 한다 혼자 드시면 현금입니다 구겨진 지폐처럼 말한다 소주 한 병을 시키니 풀리는 얼굴 슬며시 번지는 미소는 오늘의 안주

폭죽이 터지는 해변에서 춤을 춘다

호객꾼이 웃는다 거인의 춤사위를 보았나 다중연애 목격담을 말하고 싶은 걸까 비실비실 웃음에 카메라를 들이대자 사라지는 웃음 두 손은 단호한 엑스

벌레의 가는 다리도 엑스로 뭉개졌는데

달을 끌어안은 엑스의 시간 405호라는 구체성이 없으면 날아갈 공간 귀뚜라미야 다시 오라 독하게 살아남아 짐승들의 전위를 보라 인간만이 웃을 수 있다는 건 웃기는 일

문 활짝 열고 달의 눈알을 파먹는다 귀뚜라미를 살해한 여기, 타임 405

옆방 여자가 운다

제발 그만, 목이 메어 김밥을 먹을 수 없잖아 잠들 수도 없잖아 욕실의 수돗물을 세게 틀어본다 떠내려 가자 상류는 글렀고

하류에서 손잡아줄게 바구니에 노란 귤이나 빨간 사과를 가져갈게 자자, 쯉, 응 푸른 계단에 앉아 토닥여줄게

제발 울지 말라구 끼룩끼룩은 새들의 울음일까 웃음일까 벽 너머 당신, 왜 울고 지랄이야 사방 어두운 시간, 울고만 싶게

천장에서 쥐들이 돌아다닌다 말없이 속삭인다 네 울음 이해해 너의 코골이를 이해해 너의 죽음을 이해해 네 삶을 이해해이해해이해해

현악기의 줄을 고르듯 머리를 빗는 아침 옆방 문은 두

드리지 않지 콜록거리는 사연쯤 출처 없이 떠도는 것이
옳아

   내가, 혼자가 아니라니
   어쩌다 다행이야

저작

묵사발을 먹는다

씹을 것도 없는 도토리묵
오래 씹는다

짧은 묵사발
오랜 저작

저작이란 이렇게 조금씩은 다른 것

안테나의 작동도 없이
묵사발을 깨끗하게 비운다

주파수를 맞추려 시인은
모자를 벗고

하얀 안테나를 뽑는다

권태

　새가 날아요 고요하게 소나무의 품으로 들어가요 아득한 흰 점, 살포시 송화가루 털어 내고 있어요 백로와 재두루미는 등 돌리다 마주 보다 자꾸만 체위를 바꾸어요 나는 그들을 바라봐요 김 씨 논으로 날아갔다 다시 돌아올 때까지 기다리기도 하죠 시간이 느리게 가기도 하고 빠르게 가기도 하는 이상한 날들 신작로의 벚나무는 어둔 밤 헤드라이트를 받으면 당당한 거목처럼 보이구요 볼록 거울 앞에 선 가로등은 꼼짝없이 밤새 빛나요 움직이는데 움직이지 않는 시간의 정지 벌써 오월인데 아직 사월인 거 같아요 저수지를 찾아다니는 동안 감잎이 많이 자라고 오동꽃이 만발해요 나무꾼이 사라진 산은 무서운 초록이 번지고요 눈멀게 하는 진초록이 되기 전 떠날 거예요 빨간 탁자와 코카콜라 석양에 얼마나 곱게 발색하는지 하마터면 울 뻔했어요

구름에 대한 단상

뭉클뭉클한 새 떼 모아 트렁크에 가두었어
(바위 정원과 네덜란드 정원 사이)

트렁크는 눅눅하고
트렁크는 비를 긋고
프랑크푸르트는 프랑크푸르트
피자는 피자
트렁크는 트렁크

음악이 나를 틀면
크게 웃을 일도 아닌데 호탕하게 웃는
당신이 흘러나오고

트렁크가 접수한 것은 당신과 나의 넋
넋을 끌고 가네 저 저
아무것도 모르고 질질

아무것도 모르고 짐짓 끌려가네
아무것도 모르고 우당탕
트렁크, 속수무책 미끄러지네
스콜처럼 난타하는 빗방울
막 도착하는 빗방울들 저런, 트렁크가

무너지네 넋이 흘러 다니네
글썽글썽 도랑의 물고기처럼

제3부

클라인병*

내 최초의 눈물이
번개 맞은 미루나무처럼 쓰러져
태아의 몸짓으로 운다

어, 눈물이
빵처럼 부푸네

(나는 어디 있어

멀리 롯데 타워는 날마다 빛나는데
궁창처럼 실눈을 뜨고 바라보는데

나는 어디 갔어)

직립의 아이는
폴짝 뛰고
빙글 돌고

걷는 사람으로 걷는

(너는 어디서 왔니

나는 헐떡거리고
다시 헐떡거리고

너는 어디로 가니)

우울이 꽃피는 화창한 봄날
바다를 마주하고 서서
짧고 긴 싸움을 벌이는 나의 아이야

맑고 뜨거운 눈물 같은 봄바다

* kleinbottle

미늘

 보리굴비의 비늘이 딱딱하고 거세다 통칭하면 조기류에 속하는 놈들 칼을 만나 몸을 잃은 것들이, 몸을 떠난 것들이 새로 몸을 얻을 것들이 만나 함께 떠내려간다 색을 잃고 생각을 잃고 바다에 다다른다

 서울 갈 때마다 여자를 새로 데려왔다는 아버지는 지금 어디서 엄마랑 만나 다시 연애 중이려나 폭죽처럼 터지는 몽상이 아름다운 미늘을 얻는 밤 울먹이는 밤바다를 본다 너는 야성의 광포한 개가 되어도 좋다 멀리 개 짖는 소리가 들린다

 살얼음처럼 울음이 깨지는 소리가 들린다

CU 어게인

 나는 말랑하지만 오디오 부품은 딱딱하고 차가워. 꽂고 또 꽂아야 하는 부품의 부품. 마음은 자주 비틀리곤 하지. 정작 비틀고 싶은 건 발 디딘 세계였던 것인데 해가 뜨면 너는 잠드니 달과 해를 즈려밟고 롤러코스터를 타니?

 컨베이어를 타본 적 있니?

 마음속 바다랑 똑 닮아 놀라움으로 만난 푸르고 격렬한 동해. 몸이나 마음을 던지는 것이 잔잔하게 물수제비 뜨는 일은 아니지. 휘청거리던 답은 우연한 기회에 분명해지고

 오백 밀리 생수를 사면서 빨간 토끼 눈이 된 너를 봤어

 멀리 왔구나. 작아지고 작아지고. 세계가 변하는 것처럼. 미니어처럼 작아져서. 축구공처럼 굴렀구나. 빠른지 모르고 구르는지도 모르고. 뼈가 자라야 할 시간. 바코드를 찍는 아이의 손가락은 턱없이 길다

혁이

처음 본 할머니는 내내 이상했고 흘리는 눈물은 빙글빙글 도는 풍뎅이처럼 지루하고 손에 쥐어 준 꼬깃한 돈은 콩벌레처럼 싫었고

오빠에게 던져 주고 찬호랑 놀고 오니 할머니는 안 계시다 언제 돌아가셨는지 기억의 곁가지가 없다 눈물과 백발과 손바닥의 꼬깃꼬깃만 또렷

이제 갈게

혁이가 달려온다 꾸벅 인사를 한다 부드럽고 말랑하고 경계가 없는 순진무구 색 고운 구슬 같은 아이 어디로 굴려도 또르르 다시 또르르 오가는 마음이 무량하다 엄마의 엄마가 되어

혁이에게 발바닥 뽀뽀를 퍼붓는다 너는 무엇을 기억할래 힘센 자동차 날쌘 자동차 손가락으로 읽으며 말더

듬이처럼 함께 놀던 냄새

  울진 않을래

  네 눈물도 닦아주지 않을 거야 연못의 개구리처럼 와글와글 놀자 어둠 속에 수천의 갈래 길이 태어나는구나 노래처럼 흐르자 함께 핑크퐁 노래 풍으로

실업일기
– 근로기준법

근로기준법 읽어봤니

 열넷부터 근로했는데 근로기준법을 준수하라 외치며 분신한 전태일이 있는데 근로기준법을 공부하다 사과 상자에 넣고 도망 다닌 친구도 있는데 선명한 느낌표가 덧붙은 근로기준법을 오늘 읽는다 부은 손가락에 펜을 끼우고 밑줄을 그으며

 헌법 노동법 근로기준법 그물코처럼 촘촘한 법 나도 모르게 착하게 살았나 꽃의 속도전으로 사느라 감옥에 들어갈 시간일랑 없었지

 근로기준법을 읽는다

 빽빽한 항목을 헤치고 해고의 종류에 이른다 해고의 방식은 오로지 하나 굵은 원으로 강조한 서면 통보 이메일도 문자메시지도 전화도 **안 돼** 서면 통지가 아니면 부

당해고라서 *안 돼* 칼이 서면의 형식이면 위로가 될까

열네 살 소녀 멀리 보내고 오늘 근로기준법을 읽는다

구로동 벌집

그 언니, 이름이 뭐였더라

운석처럼 떠도는 기억을 채굴한다
도착지 없는 혼잣말처럼 허약한

저항이니 콘덴서니 부품을 꽂으며
밥을 구하던 구로동 벌집에 살던 시절

팝송을 좋아하는 열여덟 언니
볼이 항상 발그레하고
노래의 두근거림을 아는

갸륵한 빈대는 언니를 유난히 좋아했고
종종 묻곤 했지
빈대가 왜 너는 물지 않을까

운석 사이 출렁이는 언니

버려진 가죽장갑 같은 언니
연애편지를 쓰며 얼굴 붉히던 언니

하나하나하나 방은 또렷하고

1982

구두닦이 아저씨가 자꾸 말을 시켜 정말 *귀찮아 죽겠어*

구두를 모으러 다니다 당구장에 머무는 잠깐은 달콤한 휴식
까만 손톱은 *서럽게도 예술적이야*

동네 양아치는 당구장이 제집인 양 드나들고 카운터 옆에 서서 당구알을 같이 닦아주기도 해 *도대체 그는 왜 말이 없지*

고딩은 연애편지를 써달라고 자꾸 조르고 달라지는 여자에 대한 묘사는 머리가 길다거나 짧다거나 얼굴이 희다거나 검다거나 *첫, 얼빠진 녀석*

화실을 가진 오빠가 알려준 일자리 걸레질을 하거나 당구알을 닦거나 돈을 받는 일 밥을 사는 일이 *정갈해*

〉

　매캐한 담배 연기, 당구에 빠진 사람들의 괴성, 쓰리쿠션이 발바닥에 밟혔어 당구는 치지 않지 그것은 주인이 내세운 금기 *심심해, 심심해*

　당구장 이름은 지워지고 통금이 사라지고 아버지도 사라지고 그림을 그리다 뒷걸음질하며 캔버스를 바라보는 *화실의 오빠*는 멋있었어

　1982년은 선명해
　큐대를 들고 엇갈리는 당신들의 자세도 *때때로*

카라멜 마끼아또

가끔 나누는 인사처럼
나이스 샷

하얀 볼을 놓으면
골프채가 원을 그리며 지나가지
눈도 깜박 안 하고
날아가는 공 따위 바라보지도 않고

올까 말까 망설이는 비
올라갈까 말까 망설이는 눈
달에 고양이가 산다는
미정이 때문에 생각이 많아지고

연습 볼을 놓는 기계가 나올 거야
달 토끼가 사라지고 고양이가 나타나는 것처럼

새벽에 오는 사람이 좋아

미정이가 말했어
신문을 오래 보는 사람은 말이 많아
달의 눈물 같은 건 관심도 없고

시를 읽다
흰 공처럼 쌓인 새벽이 떠올라
대범하게,
위선적으로 흘러온

캬라멜 마키아토 한 잔 마시자
스트릿84로 와

어디 있니 달 토끼와 고양이를
어루만지던 미정아, 너는

마키아또는 과연 달콤하니

총명기 聰明記

목을 빼고 치렁거리던 장미
담장마다 걸쳐진 달콤한 향기를 잘랐다

깊고
넓고
자갈도 없는 강은

발꿈치에 쌓이는
불운을 수장하고 싶었던 강은
오이 냄새가 났다

울음이 밀고 오는 저녁에
온몸을 내어주고
가축처럼 강물을 타고 가던 장미

절룩절룩 자라는
꽃의 추궁이 없는 밤

향기로운 그녀에게 간다

곤란하다 너 참 곤란하다
중얼거리는 장미와
스텝을 밟으며 춤을 출까

합정동 골목길 돌고 돌며

신길동

방문을 열고
닫고 하루를 묻던
묘지 같은 방

열리지 않는 문이 이상하다며
방문을 두드린 여자
놀란 얼굴로 판피린을 건네주고
뜨겁게 끓인
모과차 한 주전자
머리맡에 놓아주었지
흐릿한 정신을 일으켜
심해의 방을 지키는
낯선 나를 들여다보았어

어디를 떠돌다 돌아왔니
어둑한 방은
묻지도 않고 안아 주었지

〉
폭염이 가둔 팔월의 방에서
신길동 창문 없는 집
그 여자를 떠올리네
중독된 바람의 날은
어디로 흘러갔죠
배꼽 뽈록한 아들은 자라
아빠가 되었나요
곁가지 같은 말이 건너가는 밤
앓는 소리로

낡은 전화벨이 울리네
여보세요
여보세요

모과차는 끓고

홍어의 시간

 떠난 아버지는 일흔여섯이었다고 일곱이었다고 사실 여덟이었다고 장례식장 상 위에 콩알처럼 흩어지는 서로 다른 사실들 죽은 오빠는 참새를 잡으러 나갈 수 없고

일회용 접시에서
홍어가 말라가요 항아리 속으로
오빠가 사라졌어요 매화 흩날리듯
흰 눈이 와요

 오빠가 쏜 총에 맞은 참새가 음표를 그리며 떨어져요 눈썹이 비틀거려요 울음소리가 바닥을 기어요 창문 너머 기차가 들어오고 녀석이 오빠를 끌고 가요

꽃들이 너무 많아.
어. 저 차가운 향기는 이제 치워.
어.
오빠. 어.

어디 가. 어.

항아리의 물방울은 보이지 않아서 좋아 물방울이 터지면 토기의 색깔로 물들어서 좋아 맑기만 한 유리병은 싫어 이유 없이 씨익 웃는 것처럼

북창

물방울무늬 우산을 보며
따뜻한 온도란
저 빨강 같은 거라고 중얼거린다

담장 안 새들이 잠을 깬다
풀잎은 잠을 털어 내고

한 마리 꽃뱀이
감나무 아래 수북한 잡풀 사이로 들어갔다

늘어나는 뱀이 잠을 끊어 삼킨다
죽은 뱀이
댓돌 위에 누워 있던 날
식욕이 되살아난다
사람주나무 그림자 속으로 뱀을 던져두고

끊어지지 않는 잠은 달콤하고, 달콤하고

〉
북으로 난 창을 연다

아버지가 물에 빠져 어둠을 흔들던 곳
흰 구름이 무성하게 번지던 곳
「장편 소설의 1장에서 빼어낸 두 개의 발췌문—후방」*
처럼 낯설지만
  익숙한 냄새가 살아 있는 곳
  고요하고 서먹서먹하지 않은

시골 쥐는 아직 만나지 못했다 하오
쥐는 마을을 아직 떠나지 않았다 하오

* 보리스 파스테르나크 단편 제목

괜찮아

 싸리꽃이 피고 고사리가 엉키고 잡종의 식물이 기어다니는 당신 집은 참 멋져 내가 우려 간 차 맛은 어때? 블렌딩해서 별로라고?

 허세 웃기시네

 눈을 찌르거나 코를 후비거나 귀를 잘라내는 거 아니면 다 괜찮아 조각보 햇살 끌어안고 새소리 샤워나 하시지 고사리를 뽑다 만져봤어 혹 당신 새끼손가락에 닿았을까 팔꿈치에 닿았을까 상상했지 따뜻해질 때까지

 삼나무들이 팔을 흔드네

 그림자를 깔고 앉아 당신을 만졌어 눈꺼풀을 쓸어내리며 어깨를 들썩이며 고사리 때문이야 곱슬한 머리카락이 파도 같잖아 심어둔 카네이션은 흔적 없이 사라지고 싸리꽃이랑 나만 고요히 흔들리는 산기슭

〉
어느새 차가 식었네

따뜻하게 지내 혼자 있진 말고

벽에 대하여

 참을 수 없는 죽음을 참으려고. 하늘 끝에 매달린 채. 나무가 자라는 창문을 헤아리다가. 선미장식 둥근 의자에 앉아 있는 숙녀를 만나러 간다. 손이 작은 숙녀와. 숙녀는. 아침이 오기 전에 술판을 벌이고

아침이 오기 전에
다시 한번 술판을 벌인다면
개울에 빠져 죽은
아버지를 불러 춤을 출 거야

아버지는 샤프카를 쓰고
접이식 지팡이를 짚고
좁은 계단을 올라와
둥근 의자들이랑 춤을 출 거야

다시 아침이 오기 전에 아버지는
모자를 쓰고 지팡이를 짚고

쓸쓸한 뒷모습을 보이며
봉정식당으로 해장하러 갈 거야

  관 속의 목소리가. 장작처럼 쪼개지고. 크고 작은 발들이. 엉켜 눕는다. 쓸데없는 생각으로. 잠시 쿨럭거리며. 복숭아 향기 나는 발가락을 만지면서. 잔기침 소리와 함께. 숙녀들의 네 발. 마룻바닥에 내려앉는다. 이해하겠지. 정말?

에필로그
　―(나를 아는데 오래 걸렸다)

나는 형태가 뭉개진 열쇠다

교실 문을 열 수 없다는 이유로
나는 말랑한 샌드백이 되었다
늙은 선생의 대머리가 땀에 젖어 번들거렸다
열쇠를 철길에 던져버린 상춘이는
조붓한 어깨로 말이 없고
나는 감춰진 선생의 울증을
단단한 대장代杖처럼 견뎌냈다

내게 열쇠를 맡긴 늙은 선생은
병증이 탄로 나고 말았다 왜 네 맘대로 열쇠를 넘기냐
상한 선생의 울음 같은 말
누가 내게 열쇠를 맡기라 했느냐
소리 없이 뭉개진 열쇠의 말

몇 년을 훌쩍 달려온 친구가 말한다

〉
교실을 버려
열쇠 따위 멀리 던져버려
주름진 네 배꼽에 섬세하게 새겨줄게
기억대리인처럼 요철을 되살리는 열쇠 수리공
배꼽이 간지럽다

나는 몹시 수상하다
머리칼이 다 사라진 선생이 어쩌자고 웃는다

제4부

숲은 보이지 않고

보리수나무에 기대 오줌을 싸는 남자를 바라보는 사월 오래된 거울에서 튀어나와 괴성을 지르는 맹랑한 원숭이

너는 어쩔 줄 모르며 얼굴이 붉어졌지 천진한 나무들뿐 숲은 쉬 보이지 않아 카주라호 사원은 아스라이 멀고

자세를 무너뜨린 네 궁둥이는 꽃처럼 아름다웠어

숲과 나무와 노인과 소녀와 불타는 시체와 물 위에 맴도는 꽃숭어리와 쪽배를 삼킨 해와 늦게 오는 기차와 울음과 웃음과 들숨과 날숨과 사랑과 눈물과 짐승의 부러진 모가지와 너

춤추는 거울과 기차역의 원숭이

늙은 불화와 비아냥, 날개 없이 날아가는 말의 활공

이여 불안하고 아름답고 짜릿한 배설 그 치명적인 전투여 저녁의 촘촘한 보랏빛 울타리여 비틀비틀 도착한 오늘의 숲이여

안테나에 걸린 콘파이

사람이 떨어졌어요 머리가 달아났는데 심장은 뛰고 있어요
구해야 하죠? 구해야 하죠

피가 흐르는 머리 박동을 멈추지 않는 심장이 꿈속으로 와요 지붕 위로 달아날 수도 없어요 바닥에 누운 사람이 하얀 거인이 되어요 그림자를 잃어버린 사람이 자꾸만 나를 찔러요

3번 출구 지붕에 있는 안테나에
단짠단짠 콘파이를 걸고 춤을 출까요?
흰 거인이 사라질 때까지

당신, 손이 따뜻하군요 파랑이 덤비지 못하게 춤춰요 우린 따뜻하죠 말랑하죠 그림자는 늠름하죠 빅맥 지수가 오르건 맥도널드 콘파이가 단짠단짠이건 사랑은 관계없죠

〉
콘파이를 어떻게 먹냐구요 그냥,
입을 크게 벌리고 네, 네, 그렇게

오빠

경주에 갔는데 연을 날리더라

겨울이 오지 않았는데 연을 날리더라 연을 만들지도 않고 연을 날리더라 장갑도 없이 맨손으로 날리더라 첨성대보다 더 높이 날리더라 높이높이 올라간 물고기들이 바닷속으로 들어가더라 연은 날고 있는데 까마귀가 없더라 오빠도 없고 내 연도 없더라

왜 겨울에만 연을 날렸어?
멍청아, 들판이 비어야지
무논의 벼가 모두 사라져야지

왜 벌써 연을 버렸어?

어른이 되었어
잘 달릴 수 없는

볼도 빨개지지 않는 어른
마스크를 쓰는 어른
연날리기를 잊은 어른

이상하네, 어른들 많았는데
눈이 반짝이는 어른들 많았다니까

지금 어디쯤이야, 응?

츱츱
—S에게

  한 시인이 「깨꽃」과 「후란넬 저고리」를 쓰던 사월 어느 날 난 태어났죠 참 좋아요 깨꽃을 탐하는 고양이가 있었을 테고 후란넬 저고리를 알지 못하는 당신은 엄마의 뱃속에 수행자의 자세로 있었죠

  늘 무뚝뚝한 표정이라
  속을 알 수 없는 당신 시디신 자두를 먹으면서도
  표정이 변하지 않는

  모순적 언어를 말똥구리처럼 굴리는 나는
  창살 안으로 스스로 굴러드는 격이죠

  부드럽게 상하며 물컹한 존재가 되는 물개
  오래된 것 같지만 오늘 또 솟구치는 우리

  심장에서 가까울수록 상한 것의 회복력이 좋다네요
나는 당신의 심장에서 얼마간의 거리일까요 두툼한 패

딩을 뚫고 나온 거리일까요 심장이 뛰어요 갈빗대 사이
뜨겁게

    기다리는 건 겨울왕국이라고요 염려 말아요
    기어이
    겨울은 올 테니까요

    심장 가까이 아주 가까이
    당신을 두겠어요 꽃과 다투는 봄날을 누려요

    자물쇠를 먹을 때 무뚝뚝한 얼굴은 좋지 않아요
    웃으며 찡그리며 과즙을 츕츕 흘려봐요

어떡해, 귀나이든

돌마바흐체까지의 걸음이 사라졌어

닳아 빛나는 조개껍질처럼
심장을 쿡 찌르고 손가락을 꼼지락거리게 한

가이드가 건넨 서랍이
실크로드 대상隊商 숙소처럼 사라졌다니까

풀이 몸을 비트는 황량한
씽크홀도 잘 지나왔는데
앱 종료라는 단어가 출렁이고 텅 빈 메모

고양이처럼 소라가 뒤를 살피는데

꼬리 밟힌 탁심 광장의 고양이가
나를 할퀸다

미안해 고의는 아니었단다

종아리에 새로운 앱을 심는다
가렵고 뜨겁고
상처는 시간이 갈수록 선명해지고

빨리 와요, 여러 개 팔찌를 철렁거리며 깃발을 든 귀나이든*, 어디 갔었냐고 눈을 흘기는 귀나이든, 사라진 예니체리 병사를 찾는 내게 인형처럼 큰 눈알을 굴리는 귀나이든, 빨리 가요

* 좋은 아침입니다 라는 뜻의 터키의 성씨

아무 생각 없는 생각을 했다*

실비아 플라스를 읽다가
김지요를 읽는 저물녘
뜨겁지 않은데 뜨거운
차갑지 않은데 차가운

노을을 해체하는 흰 물감처럼
서서히 흩어지는 저물녘

체온이 낮습니다 기계의 말이
정상입니다로 바뀐 봄날

다르지 않다와 다르다 사이를 오가다

아주 체온을 잃을 거라는 거
저물녘에 들어서 안다
풀 뜯는 소를 바라보는 일처럼
어디에 있어도

〉
조금 아파도
괜찮다

작은 손을 깍지 끼고
뒤란에 선 지요 그리고 시인들

오래 키득거리자

다래끼 앓는 눈처럼 붉어져도
나날이 더욱 붉어져서

* 김지요 시, 「저물녘」의 한 행

4B

뭔 줄 알아? 연필 얘긴 아니야

비연애 비성관계 비혼 비출산을 뜻한다는 친절한 설명 안 할래 혁명적인 선언도 아닌데 좀 뜨겁지 않니 성차별은 친밀한 마당에서도 벌어진다는데 J, 네게 떡볶이 한 접시 먹이고 싶은데 너무 멀다

필기체로 쓰여진 산은 데일 듯 붉고 나는 너의 과거이자 미래

벽이 말을 건다 쥐의 걸음으로 온다 달리며 쿵쿵거린다 채찍으로 갈기면 아픈지 조용하다 쥐가 비밀통로를 낸 집에서 잔다 정적이 길어지면 궁금하기도 해 쥐는 어디에 집을 지었을까 허락 없는 동거는 언제까지일까

내 이불을 줄게 텃밭의 푸른 시금치를 내어줄게

변신의 시간에 우주는 팽창하거나 구겨지거나 한없이 작아진다고 억설을 놓는다 4B로 다시 가볼까? 어떤 非라도 오케이 선녀도 우렁각시도 없어 돌아와라 딸아, 매운 파스타 한 접시 같이 먹자

르부이부이

오늘은 성과 이름까지

이름을 처음으로 쓴 일흔
가벼이 날아오르는 오늘

된장을 먹고 기절한 개울의 물고기처럼 뻣뻣해져도 좋겠소 먹은 것을 토해낸 피래미처럼 꼬리를 세차게 흔들어도 보겠소

네 꿈은 뭐니, 이제 스무 살인데

해독할 수 없는 청춘의 골목을 돌고 돌아 굴뚝을 기어 나온 슬픈 연기 속으로 뛰어드는 새가 되었소

르부이부이*Le bouiboui로 오시오
에스카르고, 오리 간과 버터로 만든 파테, 뫼니에르는 없어도

〉
앤과 길버트의 부엌에서

당신의 이름 파랑파랑 구워 주겠소

* 작은 동네 식당을 뜻하는 프랑스어

모자를 쓴

 나는 잘 모르겠는 사람 때로 잘 알 것 같기도 한 사람 결국 모를 사람 손가락 위에 앉아 있다 손바닥 안으로 들어서는 사람 손바닥을 파고 들어가는 사람 붉은 피톨을 타고 다니다 죽어버리는 사람 피톨과 함께 살아나는 사람 약간 투덜거리다 점점 투덜거리는 사람 눈 모자를 쓰고 헐벗은 미루나무 아래 서 있는 사람 푸른 피가 우울하게 번지는데 훌륭하게 죽는 이라 말하는 사람 달리는 말이 똥을 쌀 때 깔깔 웃는 사람 흩어지는 똥을 별이라 여기는 사람 잠자는 것을 기도의 시간이라 여기는 사람 천사가 될 수 없는 사람 천사가 되기를 바라지도 않는 사람 이상하다 말도 못 하게 이상한 사람 이상하다 말도 못 하게 멀쩡한 사람 너는 어디에나 있는

코르크 물고기

책갈피를 기념품으로 샀어

참나무 숲을 헤엄쳐 온 따뜻하고 말랑한 책갈피. 책 사이 물고기를 방생할 때마다 발가벗긴 참나무의 울음이 기어 다니지. 울음에 젖은 책은 혼곤해질 테고. 나의 눈은 조금 더 반짝일 거야. 벽암록 사이 물고기를 살게 해야지

말씀의 빗방울이 우박처럼 따가워
모자를 씌워줘 도토리 숲으로 보내줘

물고기 꼬리를 잡고 속삭였어. 너무 멀리 왔구나. 어서 헤엄을 쳐. 꼬리 살짝 비틀어줄까. 도토리 강의실을 찾아 헤매는 꿈은 현실보다 더 현실적이야. 밤이 깊어지는데 물고기가 타전할 문장을 기다려. 카보 다 로카* 바람 같은

* 유라시아 대륙의 끝

취전翠田
— 송수권 선생님을 생각하며

산청을 향해 달리던 봄날
선생님 제게도 호를 주실랍니까

자넨, 취전이라 하세

깃 羽 아래 마칠 卒이 합쳐진
翠를 바라보다 여쭙는다
취는 무슨 뜻인가요

비취 취, 푸를 취
비취처럼 푸른 시의 밭을 일구게나

환해진 마음
오래 접혀 있었다

벚꽃 피는 어느 봄날
스승님 돌아가시고

〉
세상은 나뉘었으되
한세상을 살고 있는 까닭
푸른 시의 밭 때문이다

푸르름을 입지 못하는 밭
부끄러움 무성하게 번지고

자꾸, 귀가 가렵다

자발적 포로가 되다 2

너는 이질적인 동물 같았어

뜯긴 우편물처럼 구겨버리고 싶었지 시끄러운 입 닥치라 했고 똑똑한 녀석, 모르는 게 없네 칭찬을 던지며 너의 포로가 되어갔어 문법을 모르는 아이처럼 말이 뒤섞여도 이해할 만큼 익숙해졌는데

당황스러워

클릭을 튕겨 내며 잠잠한 너
어둠 속으로 잠적해버린 너 때문에
난 토마토처럼 빨개졌어

어떡하지 이제

끝내 돌아오지 않는 너랑은 안녕
악기를 고르듯 몬스터 세븐을 데려왔어

기꺼이 몬스터의 포로가 될 거야

세븐, 난 달에 가고 싶어 화성에도

  가고 싶어 찢어지지 않는 그림자처럼 나의 오달리스크*가 되어줘 몬스터를 따라 잘 익은 까만 콩처럼 날아오르기도 해 흘러내리는 시간은 머리칼처럼 검게 자라나기도 하지 조용히 혀를 깨물기보다 힘껏 서로를 물어뜯으며

* 터키 황제의 신변에서 잔시중을 들던 여자 노예

소화전에 넣어둡니다

블레드 호숫가
블레드 섬
블레드 성을 돌고 돌아

종이 울린다, 안개 사이로 새어 나오는 말 같이

철수가 수니를 업고
길버트가 앤을 업고
아흔아홉 계단을 오르는 성모마리아 교회는 높은 웃음 자리

웃음이 남자의 등에 명랑하게 달라붙는다

호수 위 날랜 보트는
섬을 흔들고
새처럼 날아가는데

구멍을 뚫는 탄환처럼 메시지를 보낸다

하늘에 떠다니는 미친 고래를 잡았어요!

소화전에
함께 넣어줄래요?

나의 연애시

한 행도 시작하지 못하고. 체온이 오른다. 모자를 벗고. 머리를 식혀야지. 죽음이 오고 사랑이 완성되는. 전형을 깨는 연애. 뜨거워지는 격렬한 춤. 왈츠 가락에 실린 군무처럼. 손가락 발가락이 간질간질한 연애시. 붉은 해가 끓는 소리로. 깔깔거린다. 아직도 뭘 몰라. 멍청한 년. 연애도 없이 연애시를 쓰겠다니. 뉘우치지 않을 연애시*란 뭘까. 골몰하다 등이 젖는다. 길어지는 그림자와 발을 묶고. 위로하듯. 달콤한 롤리팝을 빠는 시간. 가득 고이는 침

* 김수영 산문 「나의 연애시」에서 빌려 옴.

독자

나무들이 간다
나를
읽으며 간다
슬쩍
피해서 간다
나를 건드리지 마시오
외쳐보아도
헐렁해진 나는 뻥 뚫리고
두 손을 집어넣고
아무 일 없는 양
숲을 걷는다
새 한 마리가 걸어온다
휘어진 길 끝
황룡서점에서 뒤져 온
낡은 문장을 물고
살라미는
살라미 캐비어가 될 수 없지

나를 뚫고 간다
표지의 손때
조금 진해지고
나무껍질은
조금 더 울퉁불퉁하다

해설

감각적 주체의 즐거운 텍스트

장은영 (문학평론가)

1

살아 있지만 아무것도 감각할 수 없는 존재가 과연 사고할 수 있을까? 18세기 철학자 콩디야크(Étienne Bonnot de Condillac)가 가정했던 것처럼 인간의 생명을 가진 조각상을 떠올려보아도 좋겠다. 콩디야크는 조각상에게 후각, 미각, 시각, 촉각을 하나씩 느끼게 함으로써 감정이 생겨나고 기억이 형성되며 욕망과 열정 등 정신적 작용이 일어날 수 있다고 추론했다. 세계와 몸이 접촉하는 순간의 감각이 세계에 대한 인식의 출발점이 된다는 것이 그의 사고 실험의 결론이었다.

감각에 대한 사적(史的) 탐구들이 증명하듯 감각은 시대에 따라 다른 위상을 지니고 있었다. 감각을 일컫는 그리스어 아이스테시스(aisthesis)는 '느끼다'와 '안다'를 동시에 뜻하는 아이스테스타이(aisthesthai)에서 파생된 말로 가설과 논쟁을 거치면서도 감각과 사고가 불가분의 관계에 있음을 받아들였던 고대의 감각론을 엿

보게 한다. 감각과 사고를 이원화하고 육체를 정신의 대상으로 위계화하는 태도는 근대 인식론에서 분명해졌다. 눈, 귀, 입, 피부로 느끼는 세계에 대한 감각은 이성을 통해 도달하고자 한 진리와는 달리 가변적이고 충동적인 오류와 혼동의 근원으로 간주되었고 감각은 불신의 대상으로 전락하고 말았다. 데카르트적 이성에 경도된 근대적 인식론에서 폄훼된 감각의 위상을 염두에 둔다면 살아 있는 조각상에 관한 사고 실험은 이성중심주의에 대한 반론일 뿐만 아니라 전복성마저 느껴지는 발상이 아닐 수 없다. 근대적 인식론을 비판하며 육체와 정신의 분리를 극복하기 시작한 현상학이나 몸 담론에 관한 철학적 논의는 20세기 이후 본격화되었지만 순수한 의식을 의심하며 육체에 주목하여 존재를 이해하고자 한 감각론은 고대로부터 근대를 거치며 인식론의 계보를 이어왔다.

변영희의 두 번째 시집은 감각론의 계보에 가까이 위치하고 있다. 변영희의 시가 보여주는 이미지는 사고의 주체가 포착할 수 없는 감각적 경험의 산물로, 감각을 통한 앎과 진실을 탐구하며 감각적 주체로서 시를 쓰는 행위가 무엇인지를 묻는다. "붉은 꽃 날리는 곰팡이"에 "눈꺼풀이 떨리"고, "진하게 번지는 곰팡이 냄새"를 맡자 "슬픔과 무관하게 번지는 생각"이 "꼬리에 꼬리를 무는"(「푸른 햇살이 나를 뚫고」) 경험이 말해주고 있듯이 시적 주체들은 세계를 감각하는 동시에 세계에 의해 감각되는 주체로서 발화한다. "푸른 햇살이 나를 뚫고"라는 제목에서 표명된 것처럼 시적 주체인 '나'는 "햇살"에 관통당한 주체로서 세계의 응시에 포착되어 있음을 순순히 받아들이는 몸이다. 몸의 표면에서 일어나는 세계와의 접촉, 즉 감각이 사고에 파동을 일으키며 주체로 하여금 이 세계 안에 존재하고 있음을 일깨운다. 이와 같은 주체와 세계의 관계에 대한 역전적 인식은 표현의 문제만이 아니라 시를 읽고 쓰는 일, 즉 창작 과정에 대한 시인의 문제의식과 연관되어 있다는 점에서 주목할 지점이기도 하다.

이 시집의 마지막에 수록된 「독자」는 세계의 응시에 감싸여 있는 시적 주체와 세계의 관계를 텍스트와 독자라는 관계로 형상화함으로써 시를 읽고 쓰는 행위에 대한 시인의 생각에 좀 더 다가가 볼 수 있게 한다.

> 나무들이 간다
> 나를
> 읽으며 간다

슬쩍

피해서 간다

나를 건드리지 마시오

외쳐보아도

헐렁해진 나는 뻥 뚫리고

두 손을 집어넣고

아무 일 없는 양

숲을 걷는다

새 한 마리가 걸어온다

휘어진 길 끝

황룡서점에서 뒤져 온

낡은 문장을 물고

—「독자」 부분

'나'는 나무들이 빽빽한 숲속을 걷는다. 나무의 형상과 냄새 등을 감각하면서 '나'는 비로소 나무를 인식하고, 그 후에 떠오르기 시작하는 생각들을 문장으로 만든다. 아직은 "울퉁불퉁"하지만 언젠가는 시가 될 문장들이 머릿속을 맴도는 창작의 순간이다. 여기서 중요한 건 세계와 연결된 몸으로서 시적 주체가 '나무(세계)'의 응시 속에 존재한다는 사실이다. 창작의 순간을 형상화한 이 시에서 시적 주체는 '나무'들이 '나'를 "읽으며 간다"고 말함으로써 '나'를 텍스트라는 대상의 위치에, '나무'를 읽는(보는) 주체의 위치에 배치한다. 여기서 일어나는 주체와 대상의 관계 역전은 의도적이라기보다는 시적 주체가 거부하거나 피할 수 없는 사건처럼 보인다. "헐렁해진 나는 뻥 뚫리고" 또는 "나를 뚫고 간다"라는 구절에서 반복된 '뚫리다'라는 표현을 보면 '나'는 행위의 주체가 아니라 이 행위를 거부할 수 없는 수동적 주체라는 점이 분명히 드러난다. '나'는 발화 주체지만 지금 벌어진 상황을 합리적으로 이해하는 사고의 주체도 사건을 일으키는 행위의 주체도 아닌 셈이다. 그러므로 세계의 응시가 "나를 뚫"는 듯한 감각적 경험 속에서 떠오른 문장이 '나'의 발화라고 주장할 수는 없게 된다.

그럼 시적 주체가 떠올린 문장의 출처는 어디일까? "새 한 마리가" "황룡서점에서 뒤져 온/ 낡은 문장"이라는 표현을 통해 짐작할 수 있는 것은 문장이 주체의 내부(사고)에서 스스로 발생한 것이 아니라 주체의 외부(세계)로부터, 더 구체적으로 말하면 다른 텍스트로부터 시적 주체에게 전달되었다는 점이다. 숲을 걷는 시적 주체에게 새가 "낡은 문장"을 가져다주고, 그것이 새로운 시로 다시 발화된다는 이 시의 상황은 시란 한 주체의 순수한 의식의 산물이 아니요, 저자만의 소유물도 아닌 텍스트라는 점을 말하고 있다. 세계의 응시 속에서 만지고 만져지는 몸처럼 시적 주체와 세계가 서로 읽고 읽히는 텍스트일 때 비로소 또 하나의 텍스트가 존재하게 되는 것이다. 시적 주체를 응시하는 "나무", 즉 세계를 "독자"라고 말한 이유도 여기에 있다. 롤랑 바르트(Roland Barthes)의 말처럼 텍스트는 '독자'에 의해 열리고 숨을 쉬며 비로소 탄생한다. '나'를 열린 텍스트로 만드는 것은 '나'를 응시하는 세계요, '나'를 읽는 독자이다. 시적 주체를 관통하는 '햇빛'과 '나무'로 환유된 세계가 그리고 수많은 텍스트들이 '나'의 독자가 되어 감각과 사고를 촉발하며 말을 걸어오기 시작할 때, '나'는 비로소 시가 될 문장을 떠올리지 않았는가. 변영희에게 시는 세계와 '나'의 마주침에서 거부할 수 없이 일어나는 사건처럼 발생한다.

시가 상호적인 관계망 속에서 구성되는 텍스트라는 입장은 사실 이번 시집 전부터 나타났던 변영희 시론이기도 하다. 첫 시집 『y의 진술』(문학의 전당, 2016)에 실렸던 '시인의 말'에서 변영희는 "이제 그만, 도둑질을 멈추어야겠다."라고 진술한 바 있다. 함축적이지만 시에 대한 생각을 단적으로 엿보게 하는 "도둑질"이란, 서로 침

투하고 연관되는 텍스트의 상호 연관성을 일컫는다. 이 단어를 통해 변영희는 시가 작가 개인의 고유한 사유를 넘어서서 필연적으로 다른 텍스트들과의 마주침 속에서 생산되는 관계의 산물임을 드러내고 있다. 텍스트간의 교섭이란 비가시적이고 잠재적이기 때문에 시인은 "도둑질"이라는 강렬한 비유를 사용하여 시의 상호텍스트성을 역설한 것이다. 부연하자면 "도둑질"은 시가 다른 텍스트와 교섭할 수밖에 없는 텍스트로서의 불가피성을 지니며 또한 저자에 의해 소유될 수 없는 개방적인 의미의 텍스트임을 함축한다. 도둑질한 물건은 주인이 없으므로 누구나 가질 수 있지만 누구도 진정한 소유자가 될 수 없는 것처럼 저자의 죽음 이후 텍스트는 누구에게나 개방되어 있지만 누구의 소유물도 아니다. 가능성으로 충만한 텍스트는 자유롭게 존재할 뿐이다. 마치 "연애도 없이 연애시"를 쓰는 자의 "뉘우치지 않을 연애시"처럼 "깔깔거"(「나의 연애시」)리며 자유롭게 누구와도 연애할 수 있는 설렘과 즐거움을 발화한다.

2

시를 상호 텍스트로서 받아들이는 변영희의 시론은

다른 시와 시인 등 외부 텍스트의 흔적을 직접적으로 텍스트에 끌어들이는 방식을 통해서 구체적으로 표출된다. 첫 시집에서는 「카타콤의 물고기처럼 - 하화도」 한 편에 불과했으나 이번 시집에서 시인은 「위연이 춘희에게」, 「아름다운 광고」, 「북창」, 「츕츕」, 「아무 생각 없는 생각을 했다」, 「나의 연애시」에서 다른 시인의 이름을 직접 언급하거나 시의 제목, 텍스트의 구절을 인용하여 자신이 경험한 텍스트들의 흔적을 직접적으로 드러낸다. 이 시들은 시가 이미 존재하는 텍스트들과 대화하며 감각을 나누고 다른 존재와 연결될 수 있는 통로라는 점을 말하고 있다. 「위연이 춘희에게」에 등장하는 "위연과 춘희"가 시집을 매개로 연결된 존재인 것처럼 시적 주체인 '나'도 시라는 텍스트를 통해 수많은 '당신'들과 연결되고 뒤섞이는 것이다.

새삼 시집을 뒤적이는 이유가 뭐냐는 듯

위연과 춘희를 상상하는 동안
시간은 더 높은 곳에서 다시 툭 떨어진다
사라진 편지지를 찾는 눈알도 툭, 툭

끝내 알 수 없는 달리기
빛나는 여의주를 물고

울퉁불퉁
낯선 시로 다가오는
위연과 춘희

                    -「위연이 춘희에게」부분

실비아 플라스를 읽다가
김지요를 읽는 저물녘
뜨겁지 않은데 뜨거운
차갑지 않은데 차가운

노을을 해체하는 흰 물감처럼
서서히 흩어지는 저물녘

(…중략…)

작은 손을 깍지 끼고
뒤란에 선 지요 그리고 시인들

오래 키득거리자

다래끼 앓는 눈처럼 붉어져도
나날이 더욱 붉어져서
　　　　　—「아무 생각 없는 생각을 했다」 부분

  시적 주체에게 시를 읽는 행위는 세계와 타인을 만나는 일과 같다. 장영수 시집을 중고로 구입한 시인의 경험을 담은 듯한 「위연이 춘희에게」에서 시적 주체인 '나'는 시집을 빌어 "위연과 춘희를 상상"한다. 소망을 이뤄주는 "여의주를 물고" "알 수 없는 달리기"를 하는 것처럼 미지의 가능성을 찾듯이 타인의 시간을 누벼보는 시적 주체가 그러하듯이 시를 통해 얻을 수 있는 감각적 경험이란 타인의 삶처럼 낯선 미지의 세계를 경험해 보는 일이 아니겠는가. "울퉁불퉁/ 낯선 시로 다가오는/ 위연과 춘희"라는 구절이 함의하듯 타인은 낯설고 이질적인 세계로서 '나'에게 경험해 보지 못한 감각을 열어주는 존재이다. 그러므로 한 편의 시를 읽는다는 건 낯선 감각의 세계 속에서 내가 아닌 다른 존재가 되어보는 일과도 같다.

「아무 생각 없는 생각을 했다」는 김지요의 시 한 행을 제목으로 삼은 경우이다. "실비아 플라스를 읽다가/ 김지요를 읽는 저물녘"은 "노을을 해체하는 흰 물감처럼" 시적 주체인 '나'와 다른 시인들 간의 경계가 "서서히 흩어지"는 시간이다. '나'와 '타인'의 경계가 해체되는 시 읽기의 경험이 말하는 바는 텍스트 간의 상호 교섭이다. 텍스트의 상호 교섭이란 이성적 판단에 근거한 인식의 전환을 전제로 한다. 모순적 상태를 넘어서서 동시에 가능한 것으로 만들기 때문이다. 가령 "다르지 않다"와 "다르다"는 특정한 대상의 범주 '안'과 '밖'처럼 양립하지 못하고 서로 배척하는 모순 상태를 말한다. '나'라는 주체 역시 '나'이면서 다른 존재일 수 없고, 현존하면서 부재할 수 없다. 그러나 '나'는 "다르지 않다"와 "다르다" "사이를 오가"며 의미의 경계가 실재와 무관한 허구적인 구분임을 감지하게 된다. '실비아 플라스'와 '김지요'를 읽으며 "뜨겁지 않은데 뜨거운" 것이나 "차갑지 않은데 차가운" 것이 존재할 수 있다는 것을 경험했기 때문이다. 이것은 차이의 부정이 아니라 '뜨겁다'와 '차갑다' 사이의 미세하고 무한한 온도의 스펙트럼에 대한 감각적 경험에서 나온 앎과 진실의 문제이다. 합리적인 의미의 경계를 인식하며 판단을 내리는 일보다 시적 주체에게 더

우선적인 것은 감각적 경험에서 알게 되는 세계의 진실이다. 시적 주체는 양립 불가한 의미의 경계를 해체하고, 현존과 부재의 경계도 넘어선 채 "뒤란에" 서서 부재하는 "시인들"과 "키득거리"는 유희의 순간을 만끽한다. "아무 생각 없는 생각"이란 구절은 바로 이 순간을 포착하는 말일 것이다. 자유롭게 텍스트를 누비며 서로를 받아들이고 변형시키는 상호 텍스트성 속에서 저자가 죽음을 맞이하는 것처럼 자아로서 '나'의 경계는 희미해지고 '나'는 사고하는 주체가 아닌 감각의 주체로서 존재할 때 다른 텍스트를 즐겁게 향유할 수 있기 때문이다.

시의 상호 텍스트성을 보여주는 시 가운데 「츱츱」은 한 시인과 그의 시 세계가 변영희의 시와 분리할 수 없는 관계에 있음을 감각적으로 형상화한 경우이다. "한 시인이 「깨꽃」과 「후란넬 저고리」를 쓰던 사월 어느 날 난 태어났죠"라는 문장으로 시작하는 이 시에서 시적 주체는 자기 출생의 기원이 '당신'과의 관계 속에서 배태되었음을 고백한다.

> 늘 무뚝뚝한 표정이라
> 속을 알 수 없는 당신 시디신 자두를 먹으면서도
> 표정이 변하지 않는

모순적 언어를 말똥구리처럼 굴리는 나는
창살 안으로 스스로 굴러드는 격이죠

부드럽게 상하며 물컹한 존재가 되는 물개
오래된 것 같지만 오늘 또 솟구치는 우리

(…중략…)

심장 가까이 아주 가까이
당신을 두겠어요 꽃과 다투는 봄날을 누려요

자물쇠를 먹을 때 무뚝뚝한 얼굴은 좋지 않아요
웃으며 찡그리며 과즙을 츱츱 흘려봐요
　　　　　　　　　　　　　　　－「츱츱 －S에게」부분

　"늘 무뚝뚝한 표정"을 한 '당신'은 우리가 알고 있는 시인 김수영이다. 김수영이 "시디신 자두"를 먹는 장면을 상상함으로써 강렬한 미각을 환기하며 그를 텍스트 안으로 끌어들이는 방식이 흥미롭다. 살아 있는 조각상의 경우처럼 독자들은 자두를 먹는 '당신'의 혀끝은 얼마나

시고 달 것인가를 상상하며 그의 감각을 추체험하게 된다. 혀끝을 통해 온몸으로 퍼지는 감각의 파동은 단단하게 굳어 있는 '당신'의 얼굴에 저도 모르게 웃고 찡그리는 표정들을 만들어 낼 수 있지 않을까도 기대하게 된다. "과즙을 츱츱 홀"리며 자두를 먹는 얼굴에 떠오르는 표정을 마주하는 것은 '당신'을 "심장 가까이" 두고 싶은 시적 주체의 간절한 바람이다. '나'는 "웃으며 찡그리"는 몸의 언어로 '나'에게 말을 걸기를 기다린다. 표정은 사고에 선행하는 몸의 언어이므로 시적 주체가 그가 보여 줄 표정을 기다린다는 것은 결국 김수영의 시를 해석의 대상이 아닌 감각적 경험의 텍스트로 여기고 있다는 의미와도 같다. 만일 시적 주체가 '당신'이 쓴 시를 읽으며 언어적 의미에 매달린다면 그것은 의미의 "창살 안으로 스스로 굴러드는 격"이요, 몸의 언어를 잊고 마는 일일 것이다. 시적 주체는 '당신'이 건넬 몸의 언어(시)와 더불어 '나'의 감각 또한 스미고 섞이며 "부드럽게 상하며 물컹한 존재가" 되고자 한다. 지금의 '당신'과 내가 아닌 새로운 존재인 "우리"가 되기를 꿈꾼다. "오늘 또 솟구치는 우리"는 김수영의 시에서 경험했던 감각적 전율에 대한 표현일 것이다. 시작(詩作)은 몸으로써 자유를 이행하는 것이라고 말했던 김수영의 시가 변영희에게 "솟구치는 우리"처럼 다른 상태로 이행하고자 하는 의지를 불어넣는 텍스트였음을 짐작하게 하는 대목이다.

당신과 내가 뒤섞여 '우리'가 되는 것처럼 텍스트와 텍스트가 만날 때 또 다른 시가 탄생한다. 물론 텍스트의 상호 교섭은 텍스트들을 하나의 동일성으로 수렴하는 과정과 달리 불일치하며 용해되지 않는 차이를 간직한 채 텍스트를 분기시킨다. 예컨대 변영희의 시가 김수영의 시를 끌어온다고 해서 김수영 시의 고유성이 훼손되는 것은 아니다. 세계에 대한 감각적 경험은 저마다 다르고, 감각적 경험의 스펙트럼은 무한하다. 변영희가 '저작(咀嚼/著作)'의 두 가지 의미를 빌어 재치 있게 말한 것처럼 아무리 "씹을 것도 없는 도토리묵"도 "오래 씹"으면 그 맛의 감각이 달라지기 마련이다. "저작이란 이렇게 조금씩은 다른"(「저작」) 감각의 산물이다.

3

앞에서 살펴본 것처럼 변영희의 시에서 시적 주체는 감각적 경험을 통해 세계(텍스트)와 상호 교섭하며 세계를 인식한다. 감각적 주체에게 세계는 거부할 수 없이 밀려오는 끊임없는 마주침 속에서 펼쳐지는 감각적 차이의 향연이자 거기에서 비롯된 자유롭고 개방적인 텍스트이다. 감각적 주체로서의 태도와 함께 텍스트로서 시의 자율성과 개방성은 변영희의 시적 인식의 출발점이자 미학적 원리이고, 현실적 질서에 저항하며 의미의 억압을 벗어나기 위한 시적 전략이기도 하다. 이 시집의 처음을 여는 시에서 변영희는 '귤빛부전나비'의 형상에 대한 감각적 이미지를 환기하면서 죽음이 상징하는 현실적 억압을 극복하려는 자유의 의지를 표출하며 변영희 시 전반의 면모를 통합적으로 보여주고 있다.

    들여다보는데 부드러운 유채의 단맛이 떠올라

    아무 일도 일어나지 않은 하루가 있을까 바람이 부드럽다 세다 구름이 많다 적다 꽃잎이 벌렸다 오므렸다 기분이 좋았다 나빴다 네게로 가다 오다 생동하는 떨림이 가득

    노오란 날개를 달고 천사처럼 웃는 액자 안의 너 하늘로 간 엄마를 각인 중인 마음을 읽는다 생략되지 않은 둥근 비밀, 껍질조차 없는

거짓말을 하고 참말도 하고 오십일과 사십구의 비
율이 엎치락뒤치락

꽃상여가 다시 나타나면 좋겠어 무동 태우듯 흔들
리며 갈 수 있도록 네가 당도한 세상, 거긴 괜찮니? 진
한 농담에 빠진 듯 하하 웃을 수 있으면 좋겠어

이제, 펼쳐진 저 날개 접어줄까?
― 「귤빛부전나비」 전문

시적 주체의 감각을 사로잡는 것은 박제된 나비이다. "노오란 날개를" 가진 나비는 죽은 것이지만 시적 주체의 감각을 자극하며 "부드러운 유채의 단맛"을 감돌게 하고 "꽃잎"처럼 "벌렸다 오므렸다" 움직이는 듯 "생동하는 떨림"마저 느끼게 한다. 날개가 펼쳐진 채 박제되어 버린 모습이 누군가에게는 사물에 불과한 대상으로 보일지 몰라도 시적 주체에게는 "엎치락뒤치락" 역동하는 생의 감각을 불러일으킨다. 나비의 화려한 색과 형태가 시적 주체의 감각을 자극하며 상상력을 일으키자 박제된 나비를 보며 꽃상여를 태워 다른 세상으로 보내주고 싶은 상상에 이르게 되는데, 이러한 마음은 나비를

"액자" 밖으로 꺼내 박제된 상태에서 해방시키고자 하는 시인 자신의 바람을 짐작하게 한다. 시인이 해방시키고자 하는 건 박제된 나비만이 아니다. 아름다운 날개를 지녔으나 박제된 나비는 현실의 질서가 박제해버린 인간의 자유와 꿈을 상징한다. 두 번째 시집을 여는 이 시에서 변영희는 살아 있는 존재의 감각을 마비시키는 현실적 질서와 억압으로부터의 해방을 아름답게 노래하는 것이다.

첫 시집에 실린 해설에서 변영희의 시는 "죽음이 지배하는 현대 세계에서 삶과 아름다움을 발견하고 구제하여 부활시키는 작업"(이성혁, 「배제와 폭력의 세계에서 부활을 꿈꾸는 시」)으로 평가되었다. 변영희는 꿈이나 희망이 사라진 세계를 폐허가 된 철거촌에 비유하며, "잘린 발목이 이야기를 시작한다"(「철거촌을 걷다」)는 문장을 통해 완전히 철거되지 않은 인간의 꿈과 희망에 귀 기울이겠다는 의지를 밝히기도 했다. 이와 같은 시인의 의지는 이번 시집에도 담겨 있다. 폭력의 세계를 전면화하지는 않았지만 몇 편의 시에 선명히 부각된 것처럼 시인은 몸을 통제하며 감각을 마비시키는 자본의 힘을 직시하고 있다. 한밤에 편의점에서 "오백 밀리 생수를 사면서" 만난 "빨간 토끼 눈이 된" 아이가 등장하는 「CU 어게인」을 보자. 감각적 표현과 의문형 진술 등이 경쾌한 시적 분위기를 놓치지 않게 하지만 이 시가 말하고자 하는 노동의 현실과 삶의 무게는 결코 가볍지 않다. 이 시의 앞부분에서 시적 주체는 "컨베이어" 위에 놓인 "오디오 부품"을 조립하느라 자신의 몸을 기계의 속도에 맞춰야 했던 노동의 기억을 떠올린다. "컨베이어"의 속도는 인간의 몸을 통제하는 자본의 힘을 상징한다. 기계의 속도에 맞추느라 "마음"이 "자주 비틀리곤" 했던 감각적 경험이 되살아나게 된 계기는 편의점에서 마주친 아이의 모습 때문이다. "뼈가 자라야 할 시간"에 잠들지 못하고 "바코드를 찍는" 아이의 "손가락"은 "턱없이 길"게 자라 있다. 과거와 달리 지금은 자본가와 노동자라는 계급성마저 희미해졌지만 "컨베이어" 시절과 마찬가지로 자본에 종속된 노동은 인간의 몸을 변형시키고 있다. 자본의 권능은 자율적인 선택과 경쟁으로 포장된 채 비가시화되었지만 시적 주체의 눈에 노동이 변형시킨 인간의 비틀린 몸이 포착된다. "근로기준법을 읽"는 시적 주체가 등장하는 「실업일기 - 근로기준법」이나 어린 여공들이 등장하는 「구로동 벌집」에서도 산업화 시대의 노동 현실이 환기되는 과거의 기억과 그 시절의 감각적 경험은 현재의 삶을 성찰하는 계기로 작동한다. 노동을 마치고 "버려진 가죽장갑"

같은 핼쑥한 모습으로 "벌집"에 돌아온 "열여덟 언니"(「구로동 벌집」)의 얼굴과 노동을 위해 손가락만 길게 자란 손으로 밤새 바코드를 찍는 아이의 손가락이 겹쳐 보이는 순간 우리는 인간의 몸을 변형시키고 감각마저도 통제하는 자본의 위력을 새삼 직면할 수 있게 되는 것이다.

그러나 이 시들에서 시인이 정작 말하고 싶은 것은 자본의 위력 아래 박제된 인간의 자유와 꿈에 대해서가 아니다. 시인은 자본이 지배하는 현실의 억압 속에서 변형된 몸을 형상화하면서도 역동적 몸과 숨길 수 없는 표정을 통해 자유에 대한 감각을 환기한다. "달과 해를 즈려밟고 롤러코스터를 타"(「CU 어게인」)는 편의점 아이의 모습이나 "연애편지를 쓰며 얼굴을 붉히던 언니"(「구로동 벌집」)에 대한 기억이 그러한 예이다. 자유롭고 충만한 몸의 감각과 얼굴에 떠오른 언어인 표정은 현실이 완전히 박제할 수 없는 자유에의 의지를 드러낸다. 「실업일기 - 근로기준법」에 등장하는 시적 주체가 "부은 손가락에 펜을 끼우고 밑줄을 그으며" "근로기준법을 읽"는 이유도 여기에 있다. "해고의 방식은 오로지 하나 굵은 원으로 강조한 서면 통보 이메일도 문자메시지도 전화도 안 돼 서면 통지가 아니면 부당해고라서 안 돼 칼이 서면의 형식이면 위로가 될까"(「실업일기 - 근로기준법」)라는 구절에서 강조된 "안 돼"라는 외침은 소녀 시절에 경험한 부당해고에 대한 뒤늦은 항의이지만 그것은 오랜 시간이 지난 후에도 사라지지 않고 남아서 자신을 억압한 부당한 힘에 저항을 표명한다. "안 돼"에 담긴 거부와 저항의 의지는 자유를 향한 의지와 다르지 않다.

박제된 나비가 불러일으킨 감각적 경험은 현실의 억압에 저항하는 자유 의지로 이행되고, 궁극적으로 해방적 상상력을 향해 가지를 뻗어나간다. '나'를 응시하는 세계와 더불어 '나'를 관통하는 수많은 텍스트들과 교섭하며 지금의 '나'로부터 해방되어 다른 존재가 되고자 하는 꿈이 감각적 텍스트로 산출되어 우리 앞에 한 권의 시집으로 당도했다. 변영희의 두 번째 시집이 지닌 감각적 이미지의 아름다움이 미적 향연으로만 끝나지 않는 것은 여기 실린 시들이 온몸의 감각을 되살려내는 자유와 해방의 열망을 담은 텍스트이기 때문이다. 변영희의 시는 삶의 무게에 짓눌려있던 각자의 자유와 꿈의 끄트머리를 슬쩍 비틀며 말을 걸어오는 것만 같다. "어서 헤엄을 쳐. 꼬리 살짝 비틀어줄까"(「코르크 물고기」)라고 시인이 다정하고 재치 있게 속삭이는 순간 감각을 깨우는 일갈(一喝)이 꼬리뼈를 툭 친다.